Mein WANDER-TAGEBUCH

BRUCKMANN

Tour .... Datum ....

Tour .... Datum ....

Tour .... Datum ....

Tour .... Datum ....

Tour .... Datum ....

Tour .... Datum ....

Tour .... Datum ....

Tour .... Datum ....

Tour .... Datum ....

Tour .... Datum ....

Tour .... Datum ....

Tour .... Datum ....

Tour .... Datum ....

Tour .... Datum ....

Tour .... Datum ....

Tour .... Datum ....

Tour .... Datum ....

Tour .... Datum ....

Tour .... Datum ....

Tour .... Datum ....

Tour .... Datum ....

Tour .... Datum ....

Tour .... Datum ....

Tour .... Datum ....

Tour .... Datum ....

Tour .... Datum ....

Tour .... Datum ....

Tour .... Datum ....

Tour .... Datum ....

Tour .... Datum ....

Tour .... Datum ....

Tour .... Datum ....

Tour .... Datum ....

Tour .... Datum ....

Tour .... Datum ....

Tour .... Datum ....

Tour .... Datum ....

Tour .... Datum ....

Tour .... Datum ....

Tour .... Datum ....

Tour .... Datum ....

Tour .... Datum ....

Tour .... Datum ....

Tour .... Datum ....

Tour .... Datum ....

Tour .... Datum ....

Tour .... Datum ....

Tour .... Datum ....

Tour .... Datum ....

Tour .... Datum ....

Tour .... Datum ....

Tour .... Datum ....

Tour .... Datum ....

Tour .... Datum ....

Tour ....

Datum ....

Tour .... Datum ....

Tour .... Datum ....

Tour .... Datum ....

Tour .... Datum ....

Tour .... Datum ....

Tour .... Datum ....

Tour .... Datum ....

Tour .... Datum ....

Tour .... Datum ....

Tour .... Datum ....

Tour .... Datum ....

Tour .... Datum ....

Tour .... Datum ....

Tour .... Datum ....

Tour .... Datum ....

ERSTE-HILFE-MASSNAHMEN

Jeder Wanderer und Bergsteiger muss im Ernstfall Erste Hilfe leisten können, gerade im Gebirge, wo fremde Hilfe weitab ist.

HITZESCHÄDEN

Ein Erste-Hilfe-Kurs bzw. ein Auffrischungskurs sollte für jeden, der ins Gebirge geht, als Voraussetzung gelten. Einige bergspezifische Fälle seien hier ergänzend angeführt: Großflächige Schürfwunden mit Salbengaze oder Alufolie abdecken. Keinen Puder oder Salben auf offene Wunden! Wasserblasen: Vorbeugend mit Tape abkleben. Ist die Blase offen, mit »Second Skin«(geleeartige Wundabdeckung) belegen und großzügig Tape darüber kleben.

Sonnenstich

Hervorgerufen durch übermäßige Sonneneinstrahlung auf den Kopf.

Symptome: *Roter Kopf, Kopfweh, wirrer Zustand, bis zur Bewusstlosigkeit.*

Maßnahmen: *Kopf mit Wasser oder Schnee abkühlen, trinken (lassen), Schatten spenden.*

Vorbeugung: *Rechtzeitig Sonnenhut aufsetzen!*

Wärmestau (Hitzschlag)

Hervorgerufen durch zu warme, zu enge Kleidung.

Symptome: *Rotes Gesicht, Erschöpfungszustand, Übelkeit.*

Maßnahmen: *Kleider öffnen, Luft an den Körper, in den Schatten legen, trinken.*

Vorbeugung: Rechtzeitig warme Kleidung ausziehen, luftundurchlässige Kleidung vermeiden.

Augenentzündung

Entzündungen am Auge entstehen in der Höhe durch UV-Strahlung und grelles Licht: reflektierender Fels, Schnee und besonders auch bei Nebel! In schweren Fällen spricht man von »Schneeblindheit«.

Symptome: *Tränende, schmerzende rote Augen.*

Maßnahmen: *Kühle Umschläge, nur beste Sonnenbrille mit seitlicher Abdeckung; wegen der Gefahr von Dauerschäden (spätere Sehbeeinträchtigungen) zum Arzt.*

Vorbeugung: *Rechtzeitig Gletscherbrille aufsetzen, wegen der Gefahr von Langzeitschäden auf beste Qualität achten:*

100% UV-Schutz, spezielle Lichtabsorption, absolute optische Qualität (Verzerrungsfreiheit).

KÄLTESCHÄDEN

Örtliche Erfrierung

Exponierte Körperstellen wie Zehen, Finger, Nase, Wangen, Ohren sind für örtliche Erfrierung besonders anfällig. Ursache ist neben Kälte mangelhafte Durchblutung (Zehen: zu enge Schuhe, Zehen stoßen leicht an; Finger: durch Skistock- oder Pickelgriff abgedrückte Gefäße, zu enge Handschuhe oder Fingerhandschuhe). Bei Nase, Wangen und Ohren ist fast immer auftreffender Wind die Ursache. Selbst spürt man dabei nichts, deshalb ist hier die Beobachtung der Kameraden wichtig. Weiße Flecken so lange reiben und massieren, bis die Durchblutung wiederhergestellt ist. Maßnahmen: *Heiße Getränke, die umgebenden Körperpartien massieren (nicht die Erfrierung!), in der Hütte das erfrorene Glied im warmen Wasser baden, so warm, wie der Patient es verträgt, nach und nach heißes Wasser dazugeben. Achtung: Bei Blasenbildung mit weichem, keimfreiem Verband abdecken und rasch vom Arzt behandeln lassen, Infektionsgefahr! Vorbeugung: Bei Zehen und Fingern Druckstellen und Abschnürung vermeiden, genügend trinken, das Gesicht vor Wind schützen, evtl. durch eine Gesichtsmaske.*

Allgemeine Unterkühlung

Die allgemeine Unterkühlung ist ein lebensbedrohlicher Zustand. Der Körper gibt mehr Wärme ab, als er produzieren kann, und kommt so unweigerlich in ein Wärmedefizit: Die Körperkerntemperatur sinkt unter die »Betriebstemperatur« von 37 Grad Celsius. *Bei weiterem Absinken tritt bei etwa* 31 Grad *Kerntemperatur Bewusstlosigkeit (absolute Lebensgefahr!) ein, die schließlich bei etwa* 27 Grad *zum Tod führt.* Ursache: *Erschöpfung + Nässe + Wind = Auskühlung.* Symptome: *Kältezittern, Verwirrtheit, Apathie, Schläfrigkeit, Muskelstarre, verlangsamter Puls und Atmung bis zur Bewusstlosigkeit.* Maßnahmen: *Trockene Kleidung auf die Haut und Windschutz. Vor weiterer Auskühlung schützen. Zuführung von Kameradenwärme, heiße Getränke. Achtung: Nicht bewegen, nicht massieren, da sich sonst kaltes Schalenblut mit dem noch wärmeren Kernblut vermischt und es zum plötzlichen Tod, dem so genannten Bergungstod, kommt. Abtransport durch die Bergrettung organisieren. Bei Atemstillstand beatmen.*

SCHOCK

Der Schock kann bei jedem Unfall, aber auch durch Schreck und Schmerzen entstehen. Schock bedeutet immer Lebensgefahr, da das Blut in Armen, Beinen und Bauchraum versackt und die lebenswichtigen Organe nicht mehr versorgt werden. Symptome: *Blasse Gesichtsfarbe, weite Pupillen, kalter Schweiß, schneller Puls.* Maßnahmen: *Schocklage (Beine hoch lagern), heiße gezuckerte Getränke, Schmerzlinderung (Medikament), Wärme und Anteilnahme (!), schonender Abtransport.* Vorbeugung: *Einen Verunfallten nie allein lassen, Zuspruch geben. Eine spezielle Art des Schocks (»orthostatischer Schock«) tritt nach längerem Hängen im Seil ein (wenn beispielsweise ein Bergsteiger bis zu seiner Bergung 45 Minuten in einer Gletscherspalte hängt). Der Geborgene darf in diesem Fall keinesfalls flach hingelegt und in Schocklage gebracht werden! Das mit einem Schwall zurückströmende Blut kann zum Sekundenherztod führen. Den Geborgenen sitzen oder stehen lassen, nach 20–30 Minuten reguliert sich der Körper. Trotzdem sollte eine Klinik mit Dialysestation aufgesucht und vorbeugend ein Nierentest veranlasst werden! Die Hängezeit muss dem Arzt mitgeteilt werden.*

MASSNAHMEN AM UNFALLORT

Oberstes Gebot ist, keine Hektik und Panikstimmung zu verbreiten, was den Verunfallten möglicherweise in den Schock treiben würde. Maßnahmen: *Bergung des Verunfallten aus dem unmittelbaren Gefahrenbereich an einen sicheren Platz.*

Erste Hilfe *nach der Reihenfolge:*

- *Versorgung lebensbedrohlicher Zustände (Schock, Atem- und Kreislaufstillstand), Lagerung, Wiederbelebung.*
- *Versorgung von Verletzungen, Blutungen, Brüchen.*

Abtransport bzw. Hilfe herbeiholen, Verletzten bis zum Abtransport lagern (Wind- und Nässeschutz, Biwak vorbereiten). Behelfsmäßige Abtransportmethoden können einem Schwerverletzten oft mehr schaden, als auf die planmäßige Bergrettung zu warten!

Unfallmeldung *sollte nach dem W-System abgegeben werden:*

- *Was ist passiert?*
- *Wann ist es geschehen?*
- *Wo ist die Unfallstelle?*
- *Wie viele Verletzte sind es?*

Die Meldung sollte auf jeden Fall schriftlich überbracht werden. Es ist wichtig, anzugeben, ob in der Nähe eine Helikopterlandung möglich ist.

Notrufnummern in den Alpen

- *Europäische Notrufnummer 112 (kostenlos, auch mit Handy ohne Karte möglich)*
- *Bayern 19222*
- *Österreich 140*
- *Schweiz 1414 (Rega, Schweizer Rettungsflugwacht)*
- *Italien 118*
- *Frankreich (Zentraler Notruf) 15*

Vorbereitung des Helikopter-Landeplatzes

Ein aufgespannter Biwaksack zeigt dem Piloten schon von weitem den Unfallort an.

Achtung: Beim Anflug gut wegpacken, ebenso andere leichte Kleidungsstücke und alles, was aufgewirbelt werden und in den Rotor geraten könnte!

Beim Anflug des Helikopters steht der Einweiser mit dem Rücken zum Wind, Arme in Y-Stellung, bei stärkerem Wind zusätzlich ein Halstuch oder ein Stück Verbandsstoff in der Hand, um dem Piloten die Windrichtung und -stärke besser anzuzeigen. Der Einweiser bleibt so lange an seinem Platz, bis der Hubschrauber steht. Dies ist besonders wichtig, wenn sich der Landeplatz auf Schneeflächen befindet, da der Einweiser dann der einzige Bezugspunkt für den Piloten ist. Nach der Landung nie hinter den Hubschrauber laufen, immer in Sichtweite des Piloten bleiben!

Das alpine Notsignal

6-mal innerhalb einer Minute in regelmäßigen Abständen senden:

- *optisches Zeichen: Licht (Lampe, Spiegel), Winken oder*
- *akustisches Zeichen: Rufen, Pfeifen*

Die Antwort erfolgt ähnlich, jedoch nur 3-mal hintereinander.

RUCKSACKAPOTHEKE

- *Rettungsdecke*
- *Dreieckstuch*
- *elastische Binde*
- *2 Verbandpäckchen*
- *einige Mullbinden*
- *einige Wundauflagen*
- *Tape, Leukoplast*
- *elastisches Hansaplast*
- *Salbengaze*
- *Second-Skin-Pflaster bzw. selbstklebendes Kunststoffpflaster*
- *Schere*
- *starkes Schmerzmittel zur Schockbekämpfung*

Weitere Medikamente sind abzulehnen nach dem Grundsatz: »Vor der Medikamentengabe steht die Diagnose.« Welcher Laie kann oben am Berg diagnostizieren?

Daneben gehören in den Rucksack für Notfälle:

- *ein Zweimann-Biwaksack (weil man in einem kleineren keinen Verletzten einwickeln und transportieren kann!)*
- *Reservewäsche, Reservesocken*
- *Stirnlampe*
- *Schweizer Taschenmesser*
- *mit Schere, Pinzette, Säge, Zahnstocher*
- *Schreibpapier (wasserfestes Papier)*
- *mit Bleistift*
- *etwas Klopapier*
- *Kerze mit Feuerzeug*
- *einige Meter Reepschnur (5 mm)*
- *2 Schnallriemchen*

Für eine Gruppe sollten mitgeführt werden: Ersatzmütze und Ersatzhandschuhe, Reserve-Sonnenbrille, evtl. eine leichte Isoliermatte.

Persönliche Medikamente

Spiele und Spielzeug

Wahrnehmungsspiele

Was eignet sich besser für Wahrnehmungsspiele als die Natur mit ihrem Reichtum an Pflanzen und Tieren. Riechen, Tasten, Hören und Sehen: Im Gelände werden die Sinne auf vielfältige Weise angesprochen. Selbst in der Bewegung lassen sich Wahrnehmungsspiele in die Tour integrieren, so dass Kinder mehr mit der Aufgabe beschäftigt sind als mit der Fortbewegung. Vom Klassiker »Ich sehe was, was du nicht siehst« über Geräusche raten, bis hin zum Pflanzenriechen oder »Edelsteine« sammeln – die Spielmöglichkeiten zeigen sich so vielfältig, wie es Ihre Fantasie zulässt.

Für längere Pausen empfiehlt sich die Mitnahme einiger Spielmaterialien, die sich in der Natur für gemeinsame Spiele nutzen lassen. Zu den tragefreundlichen Spielmaterialien gehören Papier, Stifte, ein langes Stück Seil, Lupenbecher, Schnitzmesser, Tücher, Luftballons, Fernglas u.v.m. So lassen sich mit Lupenbechern Ameisen oder Schmetterlinge erforschen und mit verbundenen Augen Tastspiele durchführen.

Bewegungsspiele

Beobachtet man Kinder im Alltag, so gehören Bewegungsspiele zu ihrem normalen Spielrepertoire. Diese Lust am Bewegen gilt es während der Tour aufzugreifen und sie auf das vorhandene Gelände zu übertragen. Auf gefällten Bäumen balancieren, kurze Wegstrecken nur auf Wurzeln oder Felsblöcken zurücklegen, Führen mit verbundenen Augen: Bewegungsspiele werden selbst von älteren Kindern angenommen.

Geschichten erzählen und erfinden

Das Glück steht jedem zur Seite, der Geschichten kennt und sie zu erzählen weiß. Kinder lieben Geschichten und hören Ihnen gerne unterwegs beim Märchenerzählen und bei Ihren Kindheitsgeschichten zu. Oder erfinden

TIPP

An Flussufern mit großen Felsblöcken lassen sich spannende Abenteuerwanderungen durchführen. Ziel ist es, sich für eine festgelegte Strecke nur auf den Felsblöcken fortzubewegen, ohne den Boden (Wasser, Ufersand) zu berühren. Das wahre Abenteuer liegt in der möglichst spektakulären Verbindung der Felsblöcke.

OUTDOOR – EIN LEBEN MIT ZECKEN

Wer Outdoor-Sportarten ausübt, bekommt es früher oder später mit Zecken zu tun, die als Überträger von FSME-Viren oder Borrelien die Natursportler das Fürchten lehren. Während eine Schutzimpfung gegen den FSME-Virus hilft, gibt es gegen die Borrelien keinen geeigneten Impfstoff. Zecken fallen nicht – wie immer noch viele glauben – von Bäumen, sondern lauern in Gräsern, Sträuchern und im Unterholz auf ihre Beute. Da Kinder gerne über Wiesen tollen und im Wald durch das Unterholz jagen, sind sie besonders gefährdet.
Zwischen Zeckenbefall und dem Zeckenstich können mehrere Stunden vergehen. Nach Wiesenaufenthalten und Pfadwanderungen durch Unterholz empfiehlt es sich, die Kleidung bzw. den Körper nach Zecken abzusuchen. Stichstellen befinden sich häufig an warmen Körperstellen wie Kniekehlen, Genitalien, Bauchnabel, Achseln, Hals und Kopf. Haben Sie eine Stichstelle entdeckt, so entfernen Sie die Zecke mit einer Pinzette oder einer Zecken-Zange durch ruckartiges Herausziehen. Achten Sie darauf, die Zecke beim Herausziehen nicht zu quetschen. Detaillierte Informationen zu Zecken erhalten Sie im Internet (z.B. www.zecke.de) oder bei Ihrem Hausarzt.

Sie gemeinsam mit Ihren Kindern eine eigene Geschichte und spinnen Sie sie in Fortsetzungsgeschichten fort. So lassen sich manche Durststrecken und Motivationseinbrüche während einer Tour überbrücken.

Spielzeug

Natürlich kann man die Meinung vertreten, die Natur reiche als Spielmedium aus, aber Ihre Kinder sehen es manchmal anders und wollen ihren Teddy, ein paar Playmobil-Figuren oder eine Barbiepuppe mit auf Tour nehmen. Als unverzichtbar erweist sich Spielzeug, wenn Sie wie beim Bouldern oder Sportklettern länger an einem Ort verweilen und sich sportliche Aktivitäten mit Spielzeiten abwechseln. Den Wunsch Ihrer Kinder nach den Lieblingsspielsachen können Sie gerne dazu nutzen, sie an das Rucksacktragen zu gewöhnen.

TIPP

Der Deutsche Alpenverein hat die Broschüre »Spiel, Spaß & Verstehen« mit vielen Spieltipps zum Naturerleben herausgebracht. Die Broschüre wendet sich vornehmlich an Gruppen, ist aber für Familien ebenso hilfreich. Sie kann auf der DAV-Webseite (www.alpenverein.de) unter der Rubrik Broschüren heruntergeladen werden.

CHECKLISTE TAGESGEPÄCK

Orientierung/Sicherheit:

- *Karte für Radtouren, Wandertouren oder Gewässerkarte*
- *Tourenführer (falls für die Region vorhanden)*
- *Mobiltelefon*
- *Telefonliste für Notfälle (z.B. Bergrettung des jeweiligen Landes)*

Gesundheit:

- *Rucksackapotheke*
- *Sonnenschutz mit Lichtschutzfaktor über 25*
- *Sonnenbrillen*
- *Impfpässe*
- *Krankenkassenkarten*
- *Karte der Zusatzversicherung (besonders wichtig im Ausland)*

Für Babys und Kleinkinder:

- *Spezielle Sonnencreme*

Für Babys:

- *Reservetrinkflasche und -flaschenaufsatz, zusätzlicher Löffel*

Kleidung pro Person (je nach Tour und klimatischen Bedingungen):

- *Wechselwäsche*
- *Wechselstrümpfe*
- *Regenkleidung*
- *Wärmender Pullover oder Jacke*
- *Kopfbedeckung mit Nackenschutz*

Spielmaterialien (Beispiele):

- *Papier*
- *Stifte*
- *Langes Seil*
- *Lupe (besser noch Becherlupe)*
- *Tüten zum Sammeln*
- *Schnitzmesser*
- *Fernglas*

Wichtige Utensilien:

- *Nähset mit Sicherheitsnadeln*
- *Müllbeutel*
- *Klappspaten oder Schippe*
- *Multifunktionsmesser*

Kinderrucksack:

- *Kinderrucksack:*
- *Trinkflasche*
- *Lieblingsspielzeug*
- *Snack*

bei älteren Kindern mit größeren Rucksäcken:

- *Wechselkleidung*

PERSÖNLICHE CHECKLISTE

WÖRTERBUCH

Deutsch	Französisch	Italienisch	Englisch
Abhang	*pente*	*costa*	*slope*
Abschüssig	*abrupt*	*dirupato*	*aslope*
Abseilen	*descendre qn. à la corde*	*discesa con la corda*	*to rap off*
Absteigen	*descendre*	*discendere*	*to descend*
Absturz	*chute*	*caduta*	*fall*
Abzweigung	*branchement*	*bivio*	*branch*
Achtung	*attention*	*attenzione*	*attention*
Alarmieren	*alarmer*	*allarmare*	*to alarm*
Alm	*alpage*	*alpe*	*alp*
Alpen	*Alpes*	*Alpi*	*Alps*
Alpenverein	*Club alpin*	*Club alpino*	*Alpine Club*
Anseilen	*s'encorder*	*legarsi in cordata*	*to rope up*
Anseilgurt	*baudrier*	*imbragatura*	*rope belt*
Arzt	*médecin*	*medico*	*doctor*
Aufstieg	*montée*	*risalita*	*ascend*
Ausgesetzt	*exposé*	*esposto*	*exposed*
Berg	*montagne*	*montagna*	*mountain*
Bergführer	*guide de montagne*	*guida alpina*	*mountain guide*
Berghütte	*refuge*	*baita*	*mountain shelter*
Bergrettung	*secours en montagne*	*soccorso alpino*	*mountain rescue service*
Bergrücken	*croupe de montagne*	*dorso montagna*	*back of mountain*

Deutsch	Französisch	Italienisch	Englisch
Bergrutsch	glissement de terrain	frana	mountain slide
Bergschuhe	chaussures de montagne	scarpe da montagna	alpine boots
Bergsteiger	alpinist	alpinista	alpinist
Bergtour	excursion en montagne	escursione in montagna	mountain hike
Bergung	sauvetage	recupero	rescue
Bewirtschaftet	gardé	custodito	farmed
Bewusstlosigkeit	perte de la connaissance	inconscienza	unconsciousness
Biwak	bivouac	bivacco	bivouac
Blitz	Éclair	saetta	flash
Blockgrat	arête de blocs	cresta a blocchi	rocky ridge
Blutgruppe	groupe sanguin	gruppo sanguigno	blood group
Breite, geografische	latitude	latitudine	latitude
Brotzeit	casse-dalle	merenda	snack
Brustgurt	baudrier torse	cintura toracica	chest harnesses
Drahtseil	câble d'acier	fune metallica	steel cable
Durst	soif	sete	thirst
Einhängen	eccrocher	appendersi	to clip
Einstieg	marche d'approche	accesso	access
Eis	glace	ghiaccio	ice
Eisbruch	bris de glace	crollo di seacchi	ice breakage
Eispickel	marteau-piolet	piccozza	ice pick

Deutsch	**Französisch**	**Italienisch**	**Englisch**
Entfernung	*distance*	*distanza*	*distance*
Erfrierung	*gelure*	*congelamento*	*frostbite*
Erschöpfung	*épuisement*	*deperimento*	*exhaustion*
Erste Hilfe	*Premieres secours*	*pronto soccorso*	*first aid*
Fels	*roc*	*roccia*	*rock*
Fluss	*rivière*	*fiume*	*river*
Frieren	*geler*	*gelare*	*to freeze*
Gebirgsgruppe	*groupe de montagnes*	*gruppo montuoso*	*mountain range*
Gebrochen	*brisé*	*spezzato*	*broken*
Gefährlich	*dangereux*	*pericoloso*	*dangerous*
Gehen	*marcher*	*marciare*	*to walk*
Geröll	*galets*	*detriti*	*boulder*
Gesperrt	*barré*	*bloccato*	*barred*
Geübte, nur für	*seulement pour alpinistes confirmés*	*solo per esperti*	*only for the experienced*
Gewitter	*orage*	*bufera*	*storm*
Gipfel	*sommet*	*picco*	*summit*
Gletscher	*glacier*	*ghiacciaio*	*glacier*
Gletscherspalte	*crevasse*	*crepaccio*	*crevasse*
Grad	*degré*	*grado*	*degree*
Grat	*arête*	*cresta*	*arête*
Griff	*prise*	*appiglio*	*grip*

Deutsch	**Französisch**	**Italienisch**	**Englisch**
Gruppe	*groupe*	*gruppo*	*group*
Handschuh	*gant*	*guanto*	*glove*
Helm	*casque*	*casco*	*helmet*
Herzinfarkt	*infarctus du muyocarde*	*infarcto cardiaco*	*heart attack*
Hilfe	*aide*	*aita*	*aid*
Höhe	*altitude*	*altitudine*	*altitude*
Höhenlinie	*courbe de niveau*	*isoipsa*	*contour line*
Höhenmesser	*altimètre*	*altimetro*	*altimeter*
Hubschrauber	*hélicoptère*	*elicottero*	*helicopter*
Hütte	*refuge*	*abituro*	*cabin*
Joch	*col*	*colle*	*yoke*
Kalkstein	*calcaire*	*calcare*	*chalk*
Kälte	*froid*	*freddo*	*coldness*
Kamm	*crête*	*cresta*	*crest*
Kante	*arête*	*spigolo*	*edge*
Kar	*combe*	*cxirco*	*cirque*
Karabiner	*carabinier*	*moschettone*	*carabiner*
Karst	*karst*	*carso*	*karst*
Kinder	*enfants*	*prole*	*children*
Klamm	*gorge*	*gola*	*gorge*
Klettern	*escalader*	*scalare*	*rock climbing*

Deutsch	**Französisch**	**Italienisch**	**Englisch**
Klettersteig	*via ferrata*	*via ferrata*	*fixed rope route*
Knochenbruch	*fracture*	*frattura ossea*	*fracture*
Knoten	*noeud*	*nodo*	*knot*
Kopf	*tête*	*testa*	*head*
Lager	*camp*	*campo*	*camp*
Lager aufschlagen	*établir un camp*	*piantare un campo*	*to pitch camp*
Lampe	*lampe*	*lampada*	*lamp*
Landkarte	*carte*	*carta geografica*	*map*
Länge, geografische	*longitude*	*longitudine*	*longitude*
Lawine	*avalanche*	*valanga*	*avalanche*
Lawinengefahr	*danger d'avalanche*	*pericolo di valanghe*	*danger of avalanches*
Lee	*côté sous le vent*	*sottovento*	*lee*
Leicht	*facile*	*facila*	*facile*
Leiter	*échelle*	*scala*	*ladder*
Links	*à gauche*	*a manca*	*left*
Luft	*air*	*aria*	*air*
Luv	*lof*	*orza*	*windward*
Markiert	*marqué*	*marcato*	*marked*
Maßstab	*échelle*	*scala*	*scale*
Matrazenlager	*dortoir*	*posto letto*	*matress on the floor*
Meter	*métre*	*metro*	*meter*

Deutsch	Französisch	Italienisch	Englisch
Mund-zu-Mund-Beatmung	bouche-à-bouche	respirazione bocca a bocca	mouth-to-mouth resuscitation
Nebel	brouillard	bruma	fog
Norden	nord	nord	north
Notsignal	signal D'alarme	segnale di soccorso	emergency signal
Ort	place	paese	place
Osten	est	est	east
Pass (Übergang)	col	colle	pass
Pfad	chemin	path	path
Prellung	contusion	sontusione	contusion
Pulsschlag	battement	battito del polso	beat
Punkt	point	punto	point
Querung	traversée	traversata	traverse
Regen	pluie	pioggia	rain
Rettung	sauvetage	salvamento	rescue
Richtung	direction	direttrice	direction
Rinne	rigole	canale	channel
Riskant	risqué	audace	risky
Riss	fissure	fessura	fissure
Route	route	cammino	route
Rucksack	sac à dos	sacco da montagna	backpack
Sattel	selle	sella	saddle

Deutsch	Französisch	Italienisch	Englisch
Schiefer	*schiste*	*schisto*	*schist*
Schlafraum	*dortoir*	*dormitorio*	*bedroom*
Schlafsack	*sac de couchage*	*sacco a pelo*	*sleeping bag*
Schlucht	*gorge*	*burrone*	*canyon*
Schlüsselstelle	*passage-clé*	*passagio chiave*	*sting*
Schmal	*étroit*	*stretto*	*narrow*
Schnee	*neige*	*neve*	*snow*
Schneefallgrenze	*limite des chutes de neige*	*limite delle precipitazioni nevose*	*snow line*
Schürfwunde	*écorchure*	*abrasione*	*abrasion*
Schutz	*protection*	*protezione*	*protection*
Schutzhaus	*refuge*	*rifugio*	*guard house*
Schwierigkeit	*difficulté*	*difficoltà*	*difficulty*
Schwindel	*bidonnage*	*bidonata*	*dizziness*
Schwindelfrei	*non sujet au vertige*	*vertigine*	*free from giddiness*
Seil	*corde*	*corda*	*rope*
Seilbahn	*monocâble*	*filovia*	*aerial passenger line*
Seilschaft	*cordée*	*cordata*	*insider deal*
Selbstsicherung	*auto-assurage*	*autosicura*	*belay*
Selbstversorgerhütte	*refuge non gardé*	*ricovero non custodito*	*self-service cottage*
Serac	*sérac*	*seracco*	*serac*
Sich verirren	*se perdre*	*perersi*	*to get lost*

Deutsch	Französisch	Italienisch	Englisch
Sichern	*assurer*	*attrezzare*	*to belay*
Skipiste	*piste*	*pista da sci*	*piste*
Skitour	*randonnée à skis*	*excursione sciistica*	*ski tour*
Spaltenbergung	*sauvetage en crevasse*	*recupera da crepaccio*	*crevasse rescue on glacier*
Spitze	*cime*	*becco*	*top*
Steig	*chemin*	*sentiero ripido*	*steep path*
Steigeisen	*crampon*	*rampone*	*crampon*
Steil	*raide*	*a precipizipo*	*steep*
Steinschlag	*chute de pierres*	*caduta massi*	*broken stone*
Sturm	*tempête*	*tempesta*	*storm*
Sturz	*baisse*	*caduta*	*fall*
Suchen	*chercher*	*cercare*	*to search*
Süden	*sud*	*sud*	*south*
Tal	*vallée*	*valle*	*valley*
Temperatur	*témperature*	*temperatura*	*temperature*
Tour	*tour*	*corsa*	*tour*
Tritt	*pas*	*appoggio*	*step*
Trittsicher	*sécurité de vos pas*	*saldo*	*surefooted*
Trocken	*sec*	*arido*	*dry*
Umweg	*détour*	*giro*	*detour*
Unfall	*accident*	*incidente*	*accident*

Deutsch	Französisch	Italienisch	Englisch
Unfallmeldung	*signalement d'un accident*	*denuncia di infortunio*	*accident notification*
Ungangbar	*impracticable*	*impraticabile*	*impassable*
Unglück	*malheur*	*malora*	*accident*
Unterkühlung	*hypothermie*	*ipotermia*	*hypothermia*
Unwetter	*orage*	*intemperie*	*thunderstorm*
Verbandspäckchen	*bandes de gaze et compresses*	*compressa di garza sterile*	*compression bandage*
Verhältnisse, ungünstige	*conditions défavorables*	*condizioni sfavorevoli*	*unfavourable conditions*
Verletzung	*blessure*	*effrazione*	*injury*
Verschütteten-suchgerät	*appareil de recherches de victimes d'avalanche*	*ricercatore da valanga*	*avalanche beacon*
Versuch	*essai*	*conato*	*trial*
Vorsicht	*précaution*	*attenzione*	*caution*
Wand	*paroi*	*parete*	*wale*
Wanderung	*randonnée*	*camminata*	*tramp*
Wegweiser	*panneau indicateur*	*cartello indicatore*	*marker*
Weit	*loin*	*largo*	*large*
Westen	*ouest*	*ovest*	*west*
Wetter	*temps*	*tempo*	*weather*
Wettervorhersage	*prévision météorologique*	*previsioni del tempo*	*weather prediction*
Wiederbelebung	*reanimation*	*revvivamento*	*reanimation*
Wiederholen	*répéter*	*ripetere*	*to repete*

Deutsch	Französisch	Italienisch	Englisch
Winterraum	*dortoir d'hiver*	*locale invernale*	*winter bivouc*
Wirt	*patron*	*oste*	*host*
Zeit	*temps*	*tempo*	*time*
Zugänglich	*accessible*	*accessibile*	*accessible*
Zurück	*en retour*	*addietro*	*backward*
Zwischensicherung	*assurance intermé diarie*	*assicurazione inter-media*	*intermediate belay*

IMPRESSUM

Verantwortlich: Sabine Klingan, Stefanie Krüger
Layout Umschlag: Coverdesign Uhlig
Innenlayout: Tilman Leher, Eva-Maria Klaffenböck
Gesamtherstellung: GeraNova Bruckmann Verlagshaus GmbH

★★★★★

Sind Sie mit diesem Titel zufrieden? Dann würden wir uns über Ihre Weiterempfehlung freuen. Erzählen Sie es im Freundeskreis, berichten Sie Ihrem Buchhändler, oder bewerten Sie bei Onlinekauf. Und wenn Sie Kritik, Korrekturen, Aktualisierungen haben, freuen wir uns über Ihre Nachricht an Bruckmann Verlag, Postfach 40 02 09, D-80702 München oder per E-Mail an lektorat@verlagshaus.de.

Unser komplettes Programm finden Sie unter **www.bruckmann.de**

Die Deutsche Nationalbibliothek verzeichnet diese Publikation in der Deutschen Nationalbibliografie; detaillierte bibliografische Daten sind im Internet über http://dnb.d-nb.de abrufbar.

5. Auflage

ISBN 978-3-7654-6067-8